CW01333183

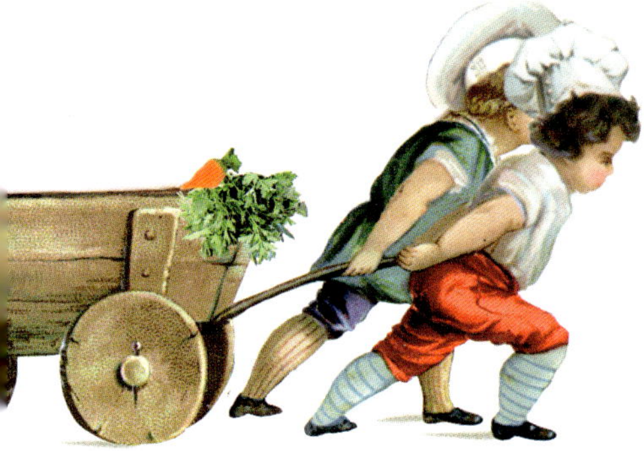

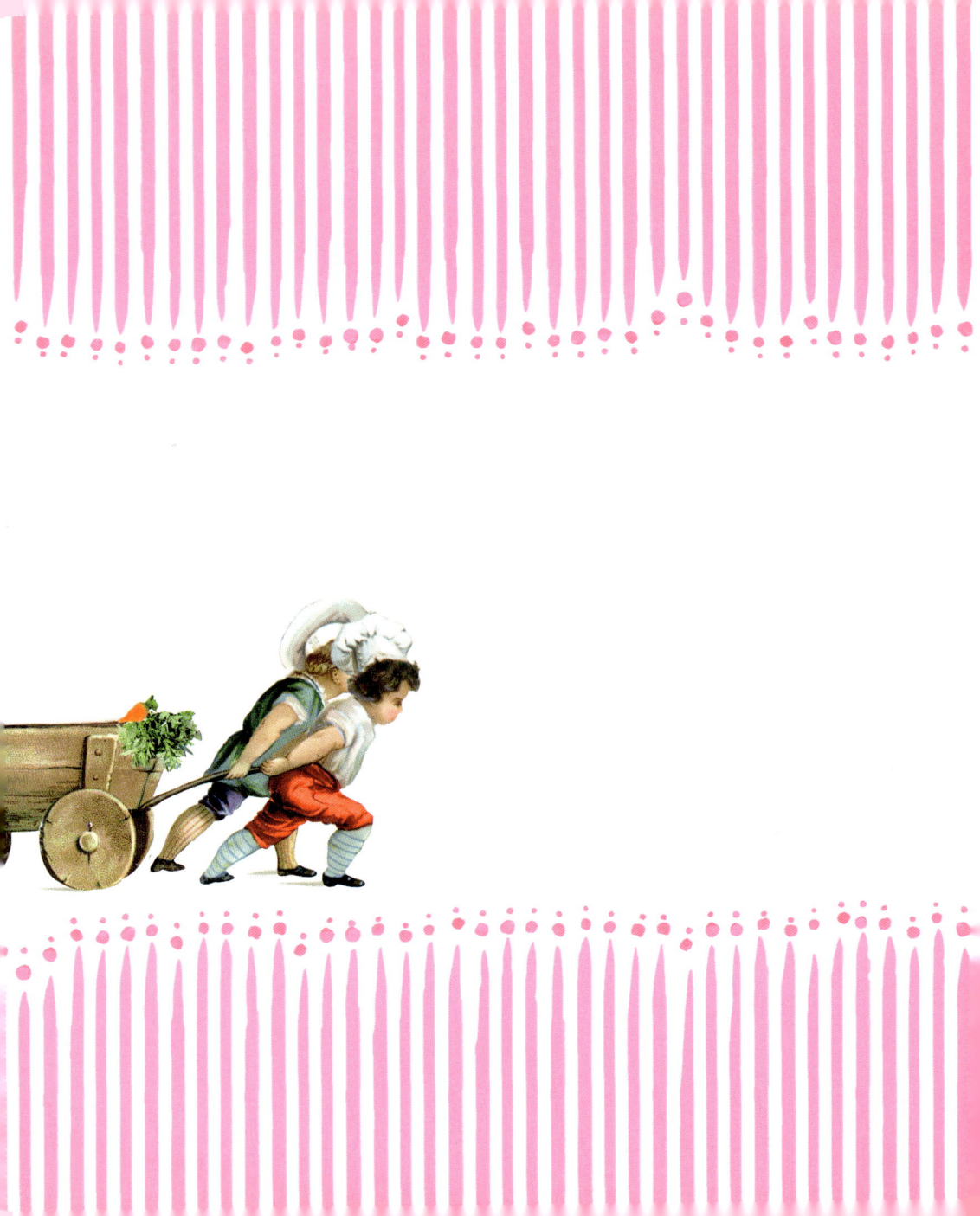

Rezepte und Illustrationen von Barbara Behr

Für zauberhafte Gastgeber

55 Rezepte von Küchenfeen & Kellergeistern

Hölker Verlag

Verzeichnis der Rezepte

Suppen ... 6
Zucchini- oder Brokkoli-Cremesuppe ... 7
Russische Suppe ... 8
Räucherlachs-Suppe ... 9
Knoblauchsuppe ... 10
Kürbissuppe ... 11
Lauchsuppe ... 12
Badische Flädlesuppe ... 13

Dips & Saucen ... 14
Sourcream ... 15
Aïoli in 3 Varianten ... 16
Frischkäse-Frühlingszwiebel-Creme ... 18
Gorgonzola-Nuss-Dip ... 19
Warmer Artischocken-Dip mit Parmesan ... 20
Sauce Béarnaise ... 21

Vorspeisen & Salate ... 22
Frischkäse mit Oliven ... 23
Thunfisch-Crostini ... 24
Marinierte Garnelen ... 25
Gefüllte Champignons ... 26
Herzhafter Erdbeersalat ... 27
Reis-Mais-Thunfisch-Salat ... 28
Schichtsalat ... 29

Eintöpfe & Aufläufe ... 30
Béchamelkartoffeln ... 31
Auberginenpfanne ... 32
Chili con carne ... 33
Kasseler-Brokkoli-Rösti-Auflauf ... 34

Reis-Auflauf mit Hackfleisch & Tomaten 35
Kartoffel-Cabanossi-Auflauf.. 36
Schinken-Spätzle-Auflauf 37

Nudelgerichte 38
Zitronennudeln 39
Spaghetti alla puttanesca 40
Spaghetti alla carbonara 41
Nudeln mit Lachssauce 42
Ravioli in Lachssauce 43
Cannelloni con gamberetti 44
Tagliatelle con filetto di manzo 45

Hauptgerichte 46
Grundrezept für Crêpes 47
Schummelpizza 48
Pizzabrötchen 49
Chickennuggets.. 50
Süße Hähnchenschenkel 51
Falsches Cordon bleu 52
Steak à la Bourguignonne.. 53
Karamellisierter Fisch 54
Zwiebelfisch 55

Nachspeisen 56
Schnelles Tiramisu 57
Kirschdessert mit Mandelkrokant 58
Mascarponecreme... 59
Bananencreme.. 60
Heiße Früchtchen 61
Himbeer- oder Erdbeertraum 62
Brombeercreme.. 63

Von Küchenfeen & Kellergeistern

Kellergeister und Küchenfeen sind auf überraschend auftauchende Gäste jederzeit gut vorbereitet. Erstere sorgen dafür, dass Kühlschrank und Vorratskammer immer mit den Dingen gut gefüllt sind, die für eine spontane Bewirtung des Besuchs unerlässlich sind. Letztere wissen um die kleinen Tricks und Finessen, mit denen man aus eben diesen Dingen im Handumdrehen die leckersten Gerichte und Häppchen zaubern kann. Dabei kommt es weniger auf besondere Raffinesse als vielmehr auf die liebevolle Zubereitung und das unprätentiöse Auftragen der Speisen an.

Machen Sie es wie die Küchenfeen und Kellergeister, füllen Sie mithilfe nebenstehender Liste Ihre Vorräte auf, je nach Rezept brauchen Sie dann nur noch schnell die ein oder andere frische Zutat zu besorgen. Seien Sie erfinderisch beim Variieren und Improvisieren und sehen Sie Überraschungsgästen jederzeit mit Vorfreude und ohne Stress entgegen!

Vorratsliste

Was man sowieso im Haus hat:
Salz, Pfeffer, Gewürze, Instantbrühe, Olivenöl, Butter,
Mehl, Semmelbrösel, Milch, Sahne, Eier, Zwiebeln,
Knoblauch, Zucker, Vanillezucker, Zimt, Honig, Kaffee

Was man im Haus haben sollte:
Kartoffeln, Reis, Nudeln, Spätzle
geriebener Käse, Kräuterbutter, Crème fraîche, Schmand
passierte Tomaten, Tomatenmark, Ketchup
Bohnen, Mais, Pilze (Dose oder Glas)
verschiedene Gemüse (TK)
durchwachsener Speck, Schinkenwürfel
Lachsfilets (TK), Thunfisch (Dose), Krabben (TK)
Sardellenfilets, Kapern
Bratensauce (instant)
Hähnchenschenkel oder -flügel (TK)
Ciabatta oder Baguette (einfrieren!)
Wein, Likör, Ahornsirup
Zitronen (oder konzentrierter Zitronensaft)
frisches Obst, Obstkonserven (z. B. Mandarinen,
Sauerkirschen), TK-Obst (Himbeeren usw.)
Quark, Frischkäse, Mascarpone o. Ä.
Kekse, Schokolade
Krokant, gehobelte und/oder gestiftelte Mandeln
Vanillepuddingpulver

Suppen

Zucchini- oder Brokkoli-Cremesuppe

2 Zucchini
oder 250 g Brokkoli
ca. 3/4 l Gemüsebrühe
4 EL Frischkäse
Salz und frisch
gemahlener Pfeffer
100 ml Sahne

Die Zucchini oder den Brokkoli putzen und klein schneiden. In einen Topf geben und so viel Gemüsebrühe dazugeben, dass die Gemüsestückchen bedeckt sind. Zucchini bzw. Brokkoli in 10–12 Minuten weich kochen lassen und anschließend mit einem Mixstab pürieren. Den Frischkäse zugeben und 1 Minute lang mit untermixen. Je nach gewünschter Konsistenz den Rest der Brühe dazugießen und mit etwas Salz und Pfeffer abschmecken. Die Suppe auf Tellern anrichten und mit je 1 Klecks geschlagener Sahne servieren.

Für 4 Personen
Zubereitungszeit: ca. 10 Minuten
Garzeit: ca. 12 Minuten

Russische Suppe

250 g frische Champignons
2 Zwiebeln
2 Knoblauchzehen
40 g Butterschmalz
100 g roher Schinken, gewürfelt
400 g geschälte Tomaten (Dose)
1 EL Zucker
Salz und frisch gemahlener Pfeffer
1 TL Paprikapulver, rosenscharf
1 TL Thymian
1 TL Rosmarin
1/4 l Brühe
200 ml Weißwein
200 ml Sahne
2 Eigelb
1 Schuss Wodka

Champignons putzen und vierteln. Zwiebeln schälen und würfeln. Knoblauch schälen und hacken. Das Butterschmalz in einem Topf erhitzen. Die Schinkenwürfel mit den Champignons und den Zwiebeln darin andünsten. Die Tomaten samt Saft, den gehackten Knoblauch, den Zucker, die Gewürze und die Kräuter dazugeben, mit der Gemüsebrühe und dem Weißwein aufgießen. Die Suppe 15 Minuten köcheln lassen und von der Platte nehmen. Die Sahne mit den Eigelben verquirlen und die Suppe damit legieren. Danach nicht mehr kochen lassen. Zum Schluss mit einem Schuss Wodka abrunden.

Für 4 Personen
Zubereitungszeit: ca. 10 Minuten
Garzeit: ca. 15 Minuten

Räucherlachs-Suppe

400 g Räucherlachs
200 ml Sahne
4 TL Sahnemeerrettich
1/2 l Gemüsebrühe
1/2 Salatgurke
2 Scheiben Ananas (Dose)
Salz
Dill (am besten frisch)
Meerrettich zum Garnieren (Glas)

Zwei Drittel des Räucherlachses mit Sahne und Sahnemeerrettich in eine Schüssel geben und mit einem Mixstab pürieren. Die Gemüsebrühe mit der Lachsmischung in einem Topf erhitzen.
Die Gurke schälen, längs halbieren und in feine Scheiben schneiden. Den restlichen Lachs und die Ananasscheiben in dünne Streifen schneiden. Gurke, Lachs und Ananas mischen. Die einmal kurz aufgekochte Suppe auf Teller verteilen, die Lachsmischung darauf anrichten und leicht unterrühren. Mit Dill und je 1 Teelöffel Meerrettich garniert servieren.

Für 4 Personen
Zubereitungszeit: ca. 5 Minuten
Garzeit: ca. 7 Minuten

Knoblauchsuppe

5 Knoblauchzehen
Salz
4 EL Koriander, gehackt
4 EL Olivenöl
4 Eier
1 EL Essig
1 l Hühner- oder Gemüsebrühe
2 Scheiben Brot, am besten festes Bauernbrot
Olivenöl zum Braten
frisch gemahlener Pfeffer

Knoblauchzehen schälen und mit etwas Salz im Mörser zerreiben. Den Koriander nach und nach zufügen und mit zerstoßen. Das Olivenöl langsam unterschlagen. Die Eier pochieren. Dafür reichlich Wasser mit 1 Esslöffel Essig zum Kochen bringen. Nacheinander jedes Ei einzeln in einer Tasse aufschlagen und vorsichtig in das nicht mehr kochende Wasser gleiten lassen. Ca. 4 Minuten ziehen lassen, die gestockten Eier mit einem Schaumlöffel herausheben und warm stellen. Die Brühe erhitzen. Die Brotscheiben halbieren und im heißen Olivenöl knusprig goldbraun braten. Das Brot mit der Knoblauchmischung bestreichen und auf vorgewärmte Suppenteller legen. Die pochierten Eier daraufsetzen. Salzen, pfeffern und mit der heißen Brühe übergießen.

Für 4 Personen
Zubereitungszeit: ca. 10 Minuten
Garzeit: ca. 10 Minuten

Kürbissuppe

2 EL Butter	Die Butter in einem Topf erhitzen. Den Curry in der heißen Butter anschwitzen. Anschließend den gewürfelten Kürbis dazugeben. Das Ganze mit der heißen Gemüsebrühe aufgießen und 30 Minuten zugedeckt köcheln lassen. Die Suppe vom Herd nehmen und mit einem Mixstab pürieren. Den Orangensaft und die saure Sahne unterrühren, danach nicht mehr kochen lassen. Die Suppe mit Salz und Pfeffer würzen und servieren.
2 EL Curry	
1 kg Kürbiswürfel	
3/4 l Gemüsebrühe	
Saft von 3 Orangen	
200 ml saure Sahne	
1 TL Salz	
1 TL Pfeffer	

Für 4 Personen
Zubereitungszeit: ca. 10 Minuten
Garzeit: 30 Minuten

Lauchsuppe

4 Stangen Lauch
4 EL Butter
1 l Gemüsebrühe
8 EL Sahne
2 EL Speisestärke
2 Eigelb

Den Lauch putzen, gründlich waschen und in Ringe schneiden. Die Butter in einem Topf erhitzen und den Lauch darin 5 Minuten andünsten. Die Gemüsebrühe zugeben und das Ganze 15 Minuten köcheln lassen. Die Sahne mit der Stärke und den beiden Eigelben verrühren, die Suppe vom Herd nehmen und mit der Mischung legieren. Danach nicht mehr kochen lassen, sonst gerinnt das Eigelb.

Für 4 Personen
Zubereitungszeit: ca. 7 Minuten
Garzeit: 20 Minuten

Badische Flädlesuppe

1 l Brühe
500 g (10 Stück) Fertig-Crêpes (Kühlregal)
1 Bund Schnittlauch in Röllchen
4 Laugenbrezeln

Die Brühe in einem großen Topf zum Kochen bringen. Die Pfannkuchen in feine Streifen schneiden und kurz in der Brühe ziehen lassen. Nicht kochen, sonst werden sie zu weich. Die Suppe auf Teller verteilen, mit Schnittlauchröllchen bestreuen und jeweils mit 1 Laugenbrezel heiß servieren.

Für 4 Personen
Zubereitungszeit: ca. 3 Minuten
Garzeit: ca. 5–7 Minuten

Dips & Saucen

Sourcream

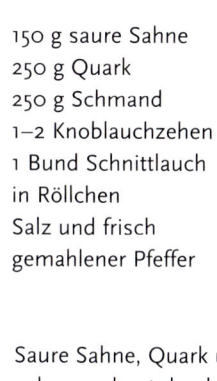

150 g saure Sahne
250 g Quark
250 g Schmand
1–2 Knoblauchzehen
1 Bund Schnittlauch
in Röllchen
Salz und frisch
gemahlener Pfeffer

Saure Sahne, Quark und Schmand in eine Schüssel geben und gut durchrühren. Knoblauchzehen schälen, durchpressen und dazugeben. Schnittlauch unterrühren und mit Salz und Pfeffer nach Bedarf würzen. Eignet sich als Dip zu Gemüse oder als Füllung für Folienkartoffeln.

Für 8 Portionen
Zubereitungszeit: ca. 5 Minuten

Aïoli in 3 Varianten

Aïoli I

1–3 Knoblauchzehen
200 g saure Sahne
200 g Schmand
125 g leichte Salatcreme
Salz und frisch
gemahlener Pfeffer

Aïoli II

1–3 Knoblauchzehen
250 g Mayonnaise
250 g Naturjoghurt
(3,5 % Fett)
1 Msp. mittelscharfer Senf
2 Spritzer Zitronensaft
Salz und frisch
gemahlener Pfeffer

Aïoli III

1–3 Knoblauchzehen
250 g Mayonnaise
250 g Schmand
250 g Naturjoghurt
(3,5 % Fett)
2 EL Zucker
1 TL Salz
Gewürzketchup
gehackte Kräuter nach
Belieben

Je nach Geschmack 1–3 Knoblauchzehen schälen, durch die Presse drücken, mit den restlichen Zutaten gut verrühren und abschmecken.

Am besten schmecken alle 3 Varianten, wenn sie gut durchgezogen sind. Sie passen sehr gut zu Grillfleisch, Krabben, im Backofen gegarten Kartoffelspalten oder auch als Dip zu Baguette oder Ciabatta.

Für 6 Portionen
Zubereitungszeit für alle 3 Varianten:
3–5 Minuten

Frischkäse-Frühlingszwiebel-Creme

1 Bund Frühlingszwiebeln
400 g Frischkäse
250 g Crème fraîche
Salz und frisch
gemahlener Pfeffer

Die Frühlingszwiebeln putzen und das Weiße in ganz feine Ringe schneiden. Den Frischkäse mit der Crème fraîche und den Frühlingszwiebelringen verrühren und mit Salz und Pfeffer würzen. Passt zu Baguette oder/und Rohkoststicks.

Zutaten für 4–6 Portionen
Zubereitungszeit: ca. 5 Minuten

Gorgonzola-Nuss-Dip

300 g Gorgonzola
1/8 l Milch
125 g Crème fraîche
200 g gehackte Haselnusskerne
8 EL Zitronensaft
abgeriebene Schale von 1 unbehandelten Zitrone
Salz und frisch gemahlener Pfeffer

Den Käse mit Milch, Crème fraîche, Nüssen, Zitronensaft und Zitronenschale in einen Rührbecher geben und mit dem Mixstab pürieren. Mit Salz und Pfeffer würzen. Passt sehr gut zu Rohkost oder Pellkartoffeln, aber auch zu Käsestangen und sowieso immer zu Baguette oder Ciabatta.

Zutaten für 4–6 Portionen
Zubereitungszeit: 3–5 Minuten

Warmer Artischocken-Dip mit Parmesan

1 Dose Artischocken-
böden (400 g)
1 TL Mayonnaise
190 g Frischkäse
50 g frisch
geriebener Parmesan

Die Artischockenböden abtropfen lassen, den Sud auffangen. 2 Stück beiseitelegen, die restlichen Böden zusammen mit der Mayonnaise und dem Frischkäse in einem Mixer pürieren. Bei Bedarf noch etwas von dem Artischockensud zugeben. Die zurückbehaltenen Artischockenböden nun sehr fein würfeln und unter den Dip mischen. Alles in eine ofenfeste Form geben und mit dem Parmesan bestreuen. Im vorgeheizten Backofen bei 180 °C so lange überbacken, bis der Käse geschmolzen ist. Noch warm z. B. mit Nachochips servieren.

Für 4 Portionen
Zubereitungszeit: ca. 5 Minuten
Garzeit: ca. 10 Minuten

Sauce Béarnaise

150 g Butter
2 Eigelb
1 EL Zitronensaft
1 TL Senf
1 EL Crème fraîche
1 TL Zucker
Salz
1 TL getrockneter Estragon

Die Butter zerlassen, einmal kurz aufkochen und dann wieder leicht abkühlen lassen. Inzwischen die Eigelbe mit Zitronensaft, Senf, Crème fraîche, Zucker, Salz und Estragon in einen Rührbecher geben und mit einem Mixstab glatt rühren. Die flüssige Butter langsam bei laufendem Schneidestab zu den übrigen Zutaten geben. Mit Salz abschmecken.

Eine gelingsichere Sauce von Elfen, und ohne Estragon und Senf auch durchaus eine Sauce Hollandaise… Passt z. B. zu Spargel, Steak und Blumenkohl.

Für 3 Portionen
Zubereitungszeit: ca. 10 Minuten

Vorspeisen & Salate

Frischkäse mit Oliven

2 EL Olivenöl
2 TL Pfefferkörner
1 EL frische Rosmarinnadeln, gehackt
3 Knoblauchzehen, geschält und gehackt
abgeriebene Schale von 1 unbehandelten Zitrone
200 g Ziegenfrischkäse
200 g schwarze Oliven
8–12 Kirschtomaten
1 kleines Baguette in dünnen Scheiben

Das Olivenöl in einer Pfanne erhitzen. Pfefferkörner dazugeben und einige Minuten mit dem Rosmarin und Knoblauch unter Rühren dünsten. Abgeriebene Zitronenschale zugeben und noch etwas weitergaren. Den Frischkäse in die Mitte einer Servierplatte bröckeln und die Mischung aus der Pfanne darübergeben. Mit Oliven, Kirschtomaten und Brotscheibchen umlegen.

Für 4 Personen
Vorbereitungszeit: ca. 10 Minuten
Garzeit: 10 Minuten

Thunfisch-Crostini

1 Dose Thunfisch im eigenen Saft (190 g)
1 Dose Thunfisch in Öl (190 g)
2 EL Miracel Whip
1 EL Zitronensaft
2 EL eingelegte Kapern
Salz und frisch gemahlener Pfeffer
1 Ciabatta
2 TL Olivenöl

Beide Thunfischsorten abtropfen lassen und mit Miracel Whip und Zitronensaft in einen Rührbecher geben. Mit dem Mixstab zu einer feinen Creme pürieren. Die Kapern zugeben und diese nicht zu fein pürieren. Mit Salz und Pfeffer würzen.
Die Ciabatta in Scheiben schneiden, das Olivenöl in einer Pfanne erhitzen und die Brotscheiben darin kross anbraten. Vor dem Servieren mit der Thunfischcreme bestreichen.

Für 4 Personen
Zubereitungszeit: ca. 10 Minuten

Marinierte Garnelen

2 Knoblauchzehen
2 TL Senf
2 TL Honig
4 EL Sahne
2 Spritzer Chilisauce
500 g geschälte rohe Garnelen

Den Knoblauch schälen und durchpressen. Mit Senf, Honig und Sahne mischen und mit Chilisauce würzen. Die Garnelen mindestens 2 Stunden in der Marinade ziehen lassen. Dann alles zusammen in einer Pfanne bei mittlerer Hitze ganz kurz (sonst werden die Garnelen sehr schnell zäh) garen. Sofort heiß servieren und frisches Baguette dazu reichen.

Für 4 Personen
Zubereitungszeit: ca. 10 Minuten
Marinierzeit: mindestens 2 Stunden
Garzeit: 3 Minuten

Gefüllte Champignons

8 große Champignons
oder 16 kleinere
1 Zwiebel
1 TL Olivenöl
250 g Frischkäse (natur)
1 EL gehackte Kräutermischung
(z. B. die 8-Kräuter-Mischung
von Iglo)
Salz und frisch
gemahlener Pfeffer
1 Spritzer Zitronensaft
Fett für die Form

Die Champignons putzen und die Stiele aus den Köpfen drehen. Mit einem Teelöffel die Lamellen des Pilzes entfernen und noch etwas weiter aushöhlen. Das Ausgehöhlte mit einem Messer fein hacken. Zwiebel schälen, fein würfeln und in Olivenöl anschwitzen, bis sie bräunlich wird. Die Pilzstückchen hinzufügen und kurz mit anbraten. Frischkäse dazugeben, bei geringer Hitze schmelzen und kurz aufkochen lassen. Die Masse etwas abkühlen lassen, die Kräuter untermischen und mit Salz, Pfeffer und Zitronensaft würzen. Die Masse mit einem Teelöffel in die Pilzhüte füllen. Die gefüllten Champignons in eine gefettete Auflaufform setzen, unter den vorgeheizten Grill schieben und einige Minuten grillen, bis die Füllung bräunt und die Pilze weich sind.

Für 4 Personen
Vorbereitungszeit: ca. 15 Minuten
Garzeiten: 2 x 5 Minuten

Herzhafter Erdbeersalat

200 g Salatherzen
400 g Erdbeeren
2 Orangen
100 g Serranoschinken
25 g Pinienkerne
2 EL Crèmefine zum Verfeinern
2 EL weißer Balsamico
1 EL süßer körniger Senf (z. B. Weißwurstsenf)
1 Knoblauchzehe
1 TL Zucker
Salz
1 EL eingelegter grüner Pfeffer

Salatherzen waschen, putzen, trockenschleudern und grob in Stücke teilen. Erdbeeren waschen, putzen und in Scheiben schneiden. Orangen mit einem scharfen Messer schälen, dabei die bittere weiße Haut mit entfernen. Die Orangenfilets herauslösen und dabei den Saft auffangen. Serranoschinken in Streifen schneiden, Pinienkerne in einer Pfanne ohne Fett goldbraun rösten. Alle vorbereiteten Zutaten in einer Schüssel mischen. Für das Dressing den aufgefangenen Saft der Orangen mit Crèmefine, Balsamico und Senf verrühren. Knoblauch schälen, fein würfeln und mit dem Zucker unterrühren, mit Salz abschmecken. Den Salat mit dem Dressing vermischen und mit grünem Pfeffer bestreut servieren.

Für 4 Personen
Vorbereitungszeit: 20 Minuten
Garzeit: 5 Minuten (Pinienkerne)

Reis-Mais-Thunfisch-Salat

250 g Naturreis
Salz
200 g Mais (Dose)
1 Dose Thunfisch im eigenen Saft (190 g)
5 EL Mayonnaise
3 EL weißer Balsamico
Salz und frisch gemahlener Pfeffer
1 Bund Petersilie oder Rucola
1 rote Paprikaschote

Den Reis in kochendem Salzwasser 25 Minuten garen, abgießen, abtropfen und abkühlen lassen. Dann den Reis in eine größere Schüssel geben. Mit dem abgetropften Mais und dem zerpflückten Thunfisch mischen. Mayonnaise und Balsamico vermengen, mit Salz und Pfeffer würzen, über die Thunfisch-Mischung geben und unterheben. Petersilie oder Rucola waschen, trockentupfen, die Blättchen hacken. Paprika von Stielansatz, Samen und Scheidewänden befreien und würfeln. Beides unter den Salat mischen, dabei einen Teil für die Dekoration zurückbehalten. Vor dem Servieren mit den restlichen Kräutern und Paprikawürfeln bestreuen.

Für 6–8 Personen als Vorspeise oder
für 4 Personen als Hauptmahlzeit
Zubereitungszeit: ca. 20 Minuten
Garzeit: ca. 25 Minuten

Schichtsalat

1 Glas Selleriesalat (370 g)
1 Dose Mais (400 g)
6 Scheiben Ananas (Dose)
6 hart gekochte Eier, gepellt
500 g gekochter Schinken in fingerdicken Scheiben
1 großes Glas Miracel Whip (500 g)
2 dünne Stangen Lauch
Salz und frisch gemahlener Pfeffer

Am Vortag Selleriesalat, Mais und Ananas abtropfen lassen. Die hart gekochten Eier und den gekochten Schinken würfeln. Die Ananasscheiben auch in Würfel schneiden. Auf dem Boden einer Schüssel zuerst den Sellerie verteilen, darauf nacheinander die Eier, den gekochten Schinken, den Mais und dann die Ananas schichten. Auf der Ananasschicht das Miracel Whip verteilen. Den Lauch putzen, gründlich waschen, das Weiße in feine Ringe schneiden und zuletzt über den Salat streuen. Salzen, pfeffern und abgedeckt über Nacht im Kühlschrank durchziehen lassen.

Für 6 Personen
Zubereitungszeit: ca. 15 Minuten
Marinierzeit: 24 Stunden

Eintöpfe & Aufläufe

Béchamel-Kartoffeln

Die Kartoffeln unter fließendem Wasser bürsten und in der Schale gar kochen. Abgießen, mit kaltem Wasser abschrecken und pellen. Die Zwiebel schälen. Den Speck und die Zwiebel in Würfel schneiden.

Die Butter in einer Pfanne zerlassen, die Speckwürfel darin auslassen und die Zwiebelwürfel darin glasig dünsten. Bei niedriger Temperatur das Mehl langsam zufügen und gut einrühren. Die Mehlschwitze nach und nach mit Milch und Fleischbrühe auffüllen, dabei immer wieder gründlich glatt rühren, sonst entstehen Klümpchen. Die Kartoffeln in Scheiben schneiden, in der Béchamelsauce erwärmen und vorsichtig mit Salz (hängt von dem Salzgehalt des Specks ab) und Pfeffer würzen. Die Schinkenwürfel zufügen und die separat erhitzte Knoblauchwurst dazu servieren.

Für 4 Personen
Zubereitungszeit: 20 Minuten
Garzeit Kartoffeln: 25 Minuten,
insges. 40 Minuten

500 g Kartoffeln (fest kochend)
1 Zwiebel
50 g durchwachsener Speck
30 g Butter
30 g Mehl
1/4 l Milch
1/4 l Fleischbrühe
Salz und frisch gemahlener Pfeffer
200 g Schinkenwürfel oder 1/2 Ring Fleischwurst mit Knoblauch

Auberginenpfanne

2 große Auberginen
Salz
2 EL Olivenöl
100 g gekochter Schinken
1 Glas trockener Weißwein
2 Eier
6 EL saure Sahne
frisch gemahlener Pfeffer

Die Auberginen putzen, schälen, in daumendicke Scheiben schneiden, mit reichlich Salz bestreuen und 30 Minuten ziehen lassen. Die ausgetretene Flüssigkeit dann mit Küchenpapier von den Scheiben tupfen. Das Öl in einer Pfanne erhitzen und die Auberginenscheiben darin von beiden Seiten anbraten. Schinken würfeln, zufügen und mit Wein ablöschen. Alles bei geringer Hitze 10 Minuten abgedeckt köcheln lassen. Inzwischen die Eier mit der Sahne verquirlen, salzen und pfeffern. Wenn die Auberginen gar sind, die Eiermasse darübergießen und stocken lassen. Mit Reis oder nur mit Baguette servieren.

Für 4 Personen
Zubereitungszeit: ca. 15 Minuten
Garzeit: ca. 15–20 Minuten

Chili con carne

Öl zum Braten
350 g Gehacktes vom Rind
2 Beutel Gewürzmischung Chili con carne (Fertigprodukt)
1 Dose rote Bohnen (800 g)
1 Dose Mais (400 g)

Öl in einem Topf erhitzen, das Rinderhack darin krümelig anbraten. Mit ca. 1 Liter heißem Wasser auffüllen, die Gewürzmischung einrühren und aufkochen lassen. Bohnen und Mais abtropfen lassen, dazugeben und erhitzen. Umrühren, fertig. Dazu frisches Fladenbrot servieren.

Für 4 Personen
Zubereitungszeit: 10 Minuten

Kasseler-Brokkoli-Rösti-Auflauf

500 g Brokkoli
4 Scheiben Kasseler
Fett für die Form
1 Paket TK-Rösti
Salz und frisch gemahlener Pfeffer
200 g Sahne
300 g Schmand

Brokkoli putzen und in Röschen teilen, den Strunk schälen. Die Kasselerscheiben in eine gefettete Auflaufform legen. Darauf die Brokkoliröschen und zuletzt die aufgetauten Rösti geben. Salzen und pfeffern. Sahne und Schmand mischen und über den Auflauf gießen. Im vorgeheizten Backofen bei 180 °C ca. 1 Stunde garen. Ggf. zum Schluss mit Alufolie abdecken, damit die Rösti nicht zu dunkel werden.

Für 4 Personen
Zubereitungszeit: ca. 10 Minuten
Garzeit: ca. 1 Stunde

Reis-Auflauf mit Hackfleisch & Tomaten

125 g Reis im Kochbeutel
Salz
Öl zum Braten und für die Form
500 g Gehacktes, halb Rind, halb Schwein
frisch gemahlener Pfeffer
1 Knoblauchzehe
250 g passierte Tomaten (Dose)
1 TL Kräuter der Provence
150 g entsteinte schwarze Oliven
150 g geriebener Käse (z. B. Emmentaler)

Den Reis in kochendem Salzwasser 10 Minuten garen und abgießen. Inzwischen den Backofen auf 200°C vorheizen. Öl in einer Pfanne erhitzen, das Hackfleisch darin anbraten, salzen und pfeffern. Eine Auflaufform mit Öl auspinseln und mit der geschälten Knoblauchzehe einreiben. Die passierten Tomaten mit Salz, Pfeffer und Kräutern der Provence würzen. Die in feine Scheiben geschnittenen Oliven dazugeben. Den vorgegarten Reis abtropfen lassen, in die Auflaufform füllen und mit der Hälfte der Tomaten-Oliven-Sauce bedecken. Anschließend eine Lage Hackfleisch darübergeben und mit etwas Käse bestreuen. Dann je eine weitere Lage Tomatensauce und Hackfleisch darübergeben. Zum Schluss mit dem restlichen Käse bestreuen und im vorgeheizten Backofen 15–20 Minuten überbacken.

Für 4 Personen
Zubereitungszeit: ca. 15 Minuten
Garzeit Reis: 10 Minuten
Garzeit Auflauf: ca. 15–20 Minuten

Kartoffel-Cabanossi-Auflauf

750 g Kartoffeln
Fett für die Form
7 Möhren
2 Stangen Lauch
300 g Cabanossi
Salz und frisch gemahlener Pfeffer
200 g Sahne
2 Eigelb
200 g geriebener Käse (z. B. Gouda)

Die Kartoffeln schälen, waschen, in dünne Scheiben schneiden und in eine gefettete Auflaufform schichten. Die Möhren schälen und in Scheiben schneiden. Den Lauch putzen, gründlich waschen und das Weiße in Ringe schneiden. Die Wurst in Scheiben schneiden. Gemüse und Wurst über den Kartoffeln in die Form schichten, salzen und pfeffern. Die Sahne mit den Eigelben verquirlen und über den Auflauf gießen. Zum Schluss den geriebenen Käse darüberstreuen. Im vorgeheizten Backofen bei 180 °C ca. 40–45 Minuten backen.

Für 4 Personen
Zubereitungszeit: ca. 20 Minuten
Garzeit Kartoffeln: ca. 25 Minuten
Garzeit Auflauf: ca. 45 Minuten

Schinken-Spätzle-Auflauf

Olivenöl
800 g frische Eierspätzle
(Kühlregal)
Salz
Paprikapulver, edelsüß
125 g Crème double
4 fingerdicke Scheiben
gekochter Schinken
200 g geriebener Käse
(z. B. Emmentaler)

Ein Backblech mit Olivenöl bestreichen und die Spätzle locker auf dem Blech verteilen. Mit Salz und Paprikapulver würzen und die Crème double daraufgeben. Den Schinken in Würfel schneiden und gleichmäßig darüberstreuen. Zum Schluss mit geriebenem Käse bestreuen. Im vorgeheizten Backofen bei 180 °C gut 10 Minuten überbacken.

Für 4 Personen
Zubereitungszeit: ca. 5 Minuten
Garzeit: ca. 10 Minuten

Nudel- gerichte

Zitronennudeln

4 Zucchini
4 Knoblauchzehen
2 Zitronen
1/2 Bund frischer Thymian
500 g Nudeln
(z. B. Penne)
Salz
Olivenöl
frisch gemahlener Pfeffer
200 g Feta

Zucchini putzen und in sehr feine Streifen schneiden. Knoblauch schälen und fein hacken. Die Zitronen auspressen. Thymian waschen, trockentupfen und die Blättchen abstreifen.
Die Nudeln nach Packungsanweisung in kochendem Salzwasser al dente garen. 2 Minuten vor Ende der Garzeit etwa 2 Esslöffel Zitronensaft ins Nudelwasser geben. Olivenöl in einer Pfanne erhitzen, den Knoblauch darin anbraten. Zucchini zugeben und einige Minuten garen. Mit dem restlichen Zitronensaft, reichlich Thymian, Salz und Pfeffer würzen. Das Gemüse mit den Nudeln mischen, auf Teller verteilen und den Feta darüberbröckeln.

Für 4 Personen
Zubereitungszeit: ca. 15 Minuten

Spaghetti alla puttanesca

500 g Spaghetti
Salz
1 kleine Zwiebel
2 Knoblauchzehen
1 kleine rote Chilischote
6 Sardellenfilets
1 EL eingelegte Kapern
100 g entsteinte schwarze Oliven
4 EL Olivenöl
1 kleine Dose Tomaten (400 g)
frisch gemahlener Pfeffer
1/4 TL getrockneter Oregano

Die Spaghetti in kochendem Salzwasser nach Packungsanweisung al dente garen. Inzwischen die Zwiebel schälen und fein hacken. Knoblauch schälen und in dünne Scheiben schneiden. Chili von Stielansatz und Samen befreien und in feine Ringe schneiden. Sardellen und Kapern hacken. Oliven halbieren. Olivenöl in einem Topf erhitzen. Zwiebel, Knoblauch und Chili bei geringer Hitze darin andünsten, bis die Zwiebel glasig ist. Die Sardellen zugeben und unterrühren. Ebenso Tomaten, Oliven und Kapern zufügen. Alles einköcheln lassen und mit Pfeffer und Oregano würzen. Die Spaghetti abgießen, mit der Sauce vermengen und sofort servieren.

Für 4 Personen
Zubereitungszeit: ca. 15 Minuten
Garzeit: ca. 15 Minuten

Spaghetti alla carbonara

500 g Spaghetti
Salz
2 EL Olivenöl
200 g Schinkenspeck, gewürfelt
5 Eier
1/4 l Sahne
150 g geriebener Käse (z. B. Parmesan)
frisch gemahlener Pfeffer

Die Spaghetti in kochendem Salzwasser nach Packungsanweisung al dente garen. Inzwischen Olivenöl in einer Pfanne erhitzen und den gewürfelten Schinkenspeck darin anbraten. Die Eier mit Sahne und der Hälfte des Käses verquirlen, salzen und pfeffern. Die fertigen Spaghetti abgießen, zurück in den Topf geben und mit dem heißen Speck vermischen. Dann die Eiermasse darübergießen, alles vermischen und sofort servieren. Den restlichen Käse dazu reichen.

Für 4 Personen
als Vorspeise für 6–8 Personen
Zubereitungszeit: ca. 15 Minuten
Garzeit: ca. 15 Minuten

Nudeln mit Lachssauce

500 g Nudeln
(z. B. Penne)
2 Zwiebeln
4 EL Butter
500 g Schmand
1 EL Zitronensaft
2 EL Cognac
600 g frisches Lachsfilet
Salz und frisch
gemahlener Pfeffer

Die Nudeln in kochendem Salzwasser nach Packungsanweisung al dente garen. Inzwischen die Zwiebeln schälen und fein würfeln. Die Butter in einer Pfanne zerlassen und die Zwiebelwürfel darin glasig anschwitzen. Dann Schmand, Zitronensaft und Cognac zugeben und kurz aufkochen lassen. Den Lachs waschen, trockentupfen, würfeln und 2 Minuten in der Sauce ziehen lassen. Mit Salz und Pfeffer würzen. Die Nudeln abgießen, auf Teller verteilen und mit der Sauce servieren.

Für 4 Personen
Zubereitungszeit: ca. 7 Minuten
Garzeit: ca. 15 Minuten

Ravioli in Lachssauce

2 Zwiebeln
2 EL Butter oder Margarine
2 geh. EL Mehl
200 ml Sahne
1/2 l klare Brühe
2 Stängel frischer Dill
1/2 Bund frischer Thymian
100 g Räucherlachs
Salz und frisch gemahlener Pfeffer
3–4 Spritzer Zitronensaft
450 g frische Spinat-Ravioli (Kühlregal)
Zitronenviertel zum Garnieren

Die Zwiebeln schälen und in sehr feine Würfel schneiden. Das Fett in einer Pfanne erhitzen und die Zwiebeln darin anschwitzen. Das Mehl einrühren. Sahne und Brühe unter ständigem kräftigem Rühren zufügen und die Sauce aufkochen lassen.

Dill und Thymian waschen, trockenschütteln, die Blättchen abzupfen und hacken. Lachs in feine Streifen schneiden und mit den Kräutern in die Sauce rühren. Mit Salz, Pfeffer und Zitronensaft würzen.

Die Ravioli nach Packungsanweisung garen, abgießen und abtropfen lassen. Mit der Sauce auf Tellern anrichten und mit Zitronenvierteln garnieren.

Für 4 Personen
Zubereitungszeit: ca. 10 Minuten
Garzeit Sauce: ca. 5 Minuten, Garzeit Ravioli: 4 Minuten

Cannelloni con gamberetti

150 g Frühlingszwiebeln
160 g Champignons
3 Tomaten
25 g Butter
250 g Krabben
3 TL Speisestärke
1/4 l Weißwein
Salz und frisch
gemahlener Pfeffer
12–16 Cannelloni
Olivenöl für die Form
500 g passierte Tomaten
(Dose)
Oregano
1 Knoblauchzehe, gehackt
250 g Mozzarella

Die Frühlingszwiebeln putzen und in feine Ringe schneiden. Champignons putzen und würfeln. Die Tomaten mit kochendem Wasser überbrühen, häuten, vom Stielansatz befreien und in Würfel schneiden. In einer Pfanne die Butter zerlassen und die Frühlingszwiebeln darin bei mittlerer Hitze dünsten, Champignons und Krabben zufügen und kurz mitschmoren. Tomaten in die Pfanne geben und untermischen. Zum Andicken die Speisestärke im Weißwein glatt rühren, in die Pfanne gießen und unter Rühren kurz erhitzen. Mit Salz und Pfeffer würzen. Den Backofen auf 200 °C vorheizen. Die ungekochten Cannelloni aufrecht auf einen Teller stellen und von oben mit der Krabbenmischung befüllen. Eine Auflaufform mit Olivenöl einpinseln und die Cannelloni hineinlegen. Die passierten Tomaten mit Pfeffer, Salz, Oregano und Knoblauch würzen und über die Cannelloni gießen. Mit Mozzarellascheiben belegen und die Cannelloni im vorgeheizten Ofen auf mittlerer Schiene ca. 25 Minuten überbacken.

Für 4 Personen
Zubereitungszeit: ca. 30 Minuten
Garzeit Sauce: ca. 10 Minuten,
Cannelloni im Ofen: ca. 25 Minuten

Tagliatelle con filetto di manzo

350 g Rinderfilet
50 g Butterschmalz
1/8 l süßer Marsala
200 ml trockener Rotwein
Salz und frisch gemahlener Pfeffer
Rosmarin (getrocknet)
2 Päckchen dunkle Bratensauce
400 ml Sahne
400 g Tagliatelle, gegart

Das Rinderfilet klein würfeln. Butterschmalz in einer Pfanne erhitzen, das Fleisch darin anbraten. Mit Marsala und Rotwein ablöschen und ein paar Minuten köcheln lassen. Mit Salz, Pfeffer und etwas Rosmarin würzen. Die dunkle Bratensauce unterrühren. Die Sahne erhitzen und die vorgekochten Tagliatelle darin erwärmen. Die Sahnenudeln auf Suppenteller verteilen, Fleisch und Sauce darübergeben.

Für 4 Personen
Zubereitungszeit Sauce: ca. 10 Minuten
Garzeit: ca. 15 Minuten

Hauptgerichte

Grundrezept für Crêpes

Milch, Ei und Salz mischen, dann das Mehl nach und nach mit einem Schneebesen einrühren. Wasser oder Brühe zugeben und den Teig glatt rühren. Wenig Öl in einer beschichteten Pfanne erhitzen. Aus einer nicht ganz gefüllten Suppenkelle Teig in die schräg gehaltene Pfanne laufen lassen und durch Schwenken der Pfanne möglichst dünn verteilen. Die Crêpe wenden, wenn die Unterseite goldbraun ist, dann eine Hälfte nach Belieben belegen. Nach dem Fertigbacken die andere Hälfte über die Füllung schlagen und die Crêpe auf einen Teller gleiten lassen. Mit dem restlichen Teig ebenso verfahren.

Zum Füllen eignen sich z. B.: Schinken- und/oder Käsescheiben, Thunfisch, gebratene Pilze, Tomaten und, und, und …

Für 6 Crêpes
Zubereitungszeit Teig: ca. 10 Minuten
Garzeit pro Crêpe: ca. 5 Minuten

100 ml Milch
1 Ei
2 Msp. Salz
125 g Mehl
100 ml Wasser oder Brühe
Öl zum Backen

Schummelpizza

1 Fladenbrot von
ca. 30 cm Durchmesser
300 ml Tomatenketchup
(2 Tassen)
1 Zwiebel
125 g Thunfisch
(oder gekochter Schinken)
300 g geriebener Käse
(z. B. Emmentaler)

Das Fladenbrot quer halbieren und beide Innenflächen mit Tomatenketchup bestreichen. Die Zwiebel schälen, in kleine Würfel schneiden und darüberstreuen.
Mit Thunfisch (oder Schinken) und geriebenem Käse belegen und im vorgeheizten Backofen bei 200 °C 10–20 Minuten backen.
Dieses Rezept ist ideal für verschiedene Varianten, je nach dem, was die Kellergeister vorrätig haben: So machen sich z. B. auch Mais, Ananas oder ein paar Scheiben Salami gut auf dieser „Unterlage". Hört sich etwas seltsam an, schmeckt aber saulecker...

Für 2 Personen
Zubereitungszeit: ca. 5 Minuten
Garzeit: ca. 15 Minuten

Pizzabrötchen

4 Brötchen
300 g Champignons
200 g gekochter Schinken
200 g Salami
240 g Tomatensauce (Glas)
1 Knoblauchzehe
Salz und frisch gemahlener Pfeffer
Oregano
200 g geriebener Käse (z. B. Gratinkäse)

Die Brötchen halbieren und auf ein mit Backpapier ausgelegtes Backblech setzen.
Champignons putzen und mit Küchenpapier abreiben. Schinken, Salami und Pilze sehr fein würfeln und mit der Tomatensauce vermengen. Die Knoblauchzehe schälen und dazupressen. Die Sauce mit Salz, Pfeffer und Oregano kräftig würzen und auf den Brötchenhälften verteilen. Anschließend mit Käse bestreuen und im auf 180 °C vorgeheizten Backofen ca. 15 Minuten backen.

Für 4 Personen
Zubereitungszeit: ca. 10 Minuten
Garzeit: ca. 15 Minuten

Chickennuggets

4 Hähnchenbrustfilets
1 Tüte Kartoffelchips (200 g)

Hähnchenbrustfilets waschen, trockentupfen und in mundgerechte Stücke schneiden. Die Kartoffelchips in der Tüte zu groben Bröseln zerkrümeln. Hähnchenstücke und Chipsbrösel miteinander mischen. Die Brösel gut an das Fleisch drücken, bis sie das Fleisch rundherum fest umhüllen. Die Stücke in eine Auflaufform legen und im auf 100 °C vorgeheizten Backofen ca. 20 Minuten backen.

Für 4 Personen
Zubereitungszeit: ca. 10 Minuten
Garzeit: ca. 25–30 Minuten

Süße Hähnchenschenkel

Den Backofen auf 200 °C vorheizen. Die Hähnchenschenkel waschen und trockentupfen. Die Haut um den Fuß der Schenkel abschneiden. Salz, Pfeffer, Paprikapulver und Ahornsirup zu einer streichfähigen Masse verrühren. Die Keulen mit dem Gemisch einreiben und in die Fettpfanne des Backofens legen. 100 Milliliter Wasser zugießen und die Hähnchenschenkel auf der mittleren Schiene des Backofens 45 Minuten braten. Dabei mehrmals wenden und bei Bedarf noch etwas Wasser zugeben. Mit Krautsalat und Baguette servieren.

8 Hähnchenschenkel
3 EL Salz
frisch gemahlener Pfeffer
2 EL Paprikapulver edelsüß
1 EL Paprikapulver rosenscharf
200 g Ahornsirup

Für 4 Personen
Zubereitungszeit: 10 Minuten
Garzeit: 45 Minuten

Falsches Cordon bleu

4 Schweineschnitzel
300 g Champignons
1 Zwiebel
2 Paprikaschoten
Öl zum Braten und für die Folie
4 Scheiben Schinken
4 Scheiben würziger Käse (z. B. Greyerzer)
Salz
Paprikapulver

Für 4 Personen
Zubereitungszeit: ca. 10 Minuten
Garzeit Gemüse: ca. 5 Minuten
Garzeit Schnitzel: ca. 30 Minuten

Die Schnitzel waschen und trockentupfen. Champignons putzen, mit Küchenpapier abreiben und würfeln. Die Zwiebel schälen und hacken. Paprika von Stielansatz, Samen und Scheidewänden befreien und würfeln. Öl in einer Pfanne erhitzen, Champignons, Zwiebel und Paprika darin anbraten und herausnehmen. 4 ausreichend große Stücke Alufolie ölen, je 1 Schnitzel darauflegen, anteilig Gemüse darauf verteilen und mit je 1 Scheibe Schinken und Käse abdecken. Mit Salz und Paprika würzen. Die Päckchen verschließen, auf ein Blech legen und im vorgeheizten Backofen bei 200 °C ca. 30 Minuten garen. Als Beilage passt alles, was eben zu Schnitzel schmeckt!

Steak à la Bourguignonne

4 Steaks (z. B. Rib-eye oder Rumpsteaks)
2 EL Olivenöl
Salz und frisch gemahlener Pfeffer
1 Zwiebel
2 Knoblauchzehen
200 ml Rotwein (z. B. Burgunder)
200 ml Rinderbrühe
2 EL gehackte frische Petersilie
30 g kalte Butter

Zutaten für 4 Portionen
Zubereitungszeit: ca. 10 Minuten
Garzeit: ca. 15 Minuten

Die Steaks waschen, trockentupfen und mit Olivenöl, Salz und Pfeffer einreiben. Olivenöl in einer Pfanne sehr heiß werden lassen und die Steaks darin von jeder Seite nach Wunsch 2–5 Minuten braten. Steaks herausnehmen und in Alufolie wickeln, warm stellen. Die Zwiebel schälen, würfeln und im verbliebenen Öl 2–3 Minuten anbraten. Knoblauch schälen, hacken und hinzufügen. Den Wein angießen und den Bratensatz damit loskochen. Auf die Hälfte einkochen lassen, dann die Brühe zugießen und ebenfalls reduzieren, bis die Sauce leicht glänzend wirkt. Die Pfanne vom Herd nehmen und die Hälfte der Petersilie zusammen mit dem ausgetretenen Saft der Steaks unterrühren. Die Sauce würzen und zum Schluss die Butter unterrühren. Die Steaks auf Teller legen, mit Sauce überziehen und mit der restlichen Petersilie bestreuen. Mit grünem Salat und Kartoffelpüree oder Backofenfritten servieren.

Karamellisierter Fisch

8 Scheiben Fisch,
2 cm dick (z. B. Kabeljau)
1 Bund glatte Petersilie
100 ml Sojasauce
100 ml Olivenöl
200 ml Ahornsirup
2 EL gehacktes
Bohnenkraut
100 g gemahlene
Mandeln
50 g gehobelte Mandeln

Fisch waschen und trockentupfen. Petersilie waschen, trockentupfen, die Blättchen abzupfen, hacken und auf dem Boden einer Auflaufform ausbreiten. Die Fischscheiben darauflegen.
Sojasauce, Olivenöl, Ahornsirup, Bohnenkraut und gemahlene Mandeln verrühren und die Mischung über die Fischscheiben gießen. Wenn möglich, 12 Stunden zugedeckt im Kühlschrank ziehen lassen. Herausnehmen, mit gehobelten Mandeln bestreuen und den Fisch im vorgeheizten Backofen ca. 20 Minuten backen. Nach der Hälfte der Zeit die Fischscheiben wenden. Dazu passen Baguette und Salat.

Für 4 Personen
Zubereitungszeit: ca. 15 Minuten
Marinierzeit: ca. 12 Stunden
Garzeit: ca. 20 Minuten

Zwiebelfisch

4 Portionen Rotbarschfilet
2 EL Zitronensaft
600 g Gemüsezwiebeln
100 g durchwachsener Speck
1 EL Butter
Salz und frisch gemahlener Pfeffer
250 g Crème fraîche

Den Fisch waschen, trockentupfen und mit Zitronensaft beträufeln. Die Zwiebeln schälen und in Streifen schneiden. Den Speck würfeln und in einem Topf in heißer Butter anbraten. Die Zwiebelstreifen zufügen, ebenfalls gut anbraten und mit Salz und Pfeffer würzen. Anschließend Crème fraîche unterrühren und alles kurz aufkochen lassen. Die Fischstücke auf das Zwiebelgemüse legen. Im geschlossenen Topf auf kleinster Stufe ca. 8–10 Minuten dünsten. Die Filets nach der Hälfte der Garzeit einmal wenden. Dazu Reis und Salat reichen.

Für 4 Personen
Zubereitungszeit: ca. 15 Minuten
Garzeit: 10 Minuten

Nach-
speisen

Schnelles Tiramisu

12 Cantuccini
8 EL Kaffee oder, wenn möglich, Espresso
100 g Zartbitterschokolade
150 g Crème double
200 g Mascarpone
8 EL Bailey's Irish Cream
Kakaopulver zum Bestäuben

Die Cantuccini in grobe Stücke brechen und in 4 Dessertgläser geben. Je 2 Esslöffel Kaffee oder Espresso darüberträufeln. Die Schokolade hacken, über einem heißen Wasserbad schmelzen und so unter die Cantucci ziehen, dass ein marmorierter Effekt entsteht. Crème double, Mascarpone und Bailey's miteinander verrühren und diese Masse zuoberst auf das Dessert geben. Abgedeckt im Kühlschrank 1 Stunde durchziehen lassen. Vor dem Servieren mit Kakaopulver bestäuben.

Für 4 Personen
Zubereitungszeit: ca. 10 Minuten

Kirsch-Dessert mit Mandelkrokant

Für die Creme:
400 g Frischkäse
2 Päckchen Vanillezucker
100 g Zucker
400 ml Sahne
1 Päckchen Sahnesteif
2 Gläser Sauerkirschen

Für den Krokant:
50 g Butter
4 EL Zucker
200 g Mandelblättchen

Für die Creme den Frischkäse mit 1 Päckchen Vanillezucker, Zucker und die Hälfte der Sahne zu einer homogenen Masse verrühren. Die restliche Sahne mit Sahnesteif und Vanillezucker steif schlagen und unter die Frischkäsemasse ziehen. Die Sauerkirschen in einem Sieb gut abtropfen lassen, im Wechsel mit der Creme in eine Schüssel schichten und zugedeckt kalt stellen.
Für den Krokant die Butter mit dem Zucker in einem Topf erhitzen. Die Mandelblättchen darin unter ständigem Rühren rösten, herausnehmen und abkühlen lassen. Den Krokant erst kurz vor dem Servieren über die Creme streuen.

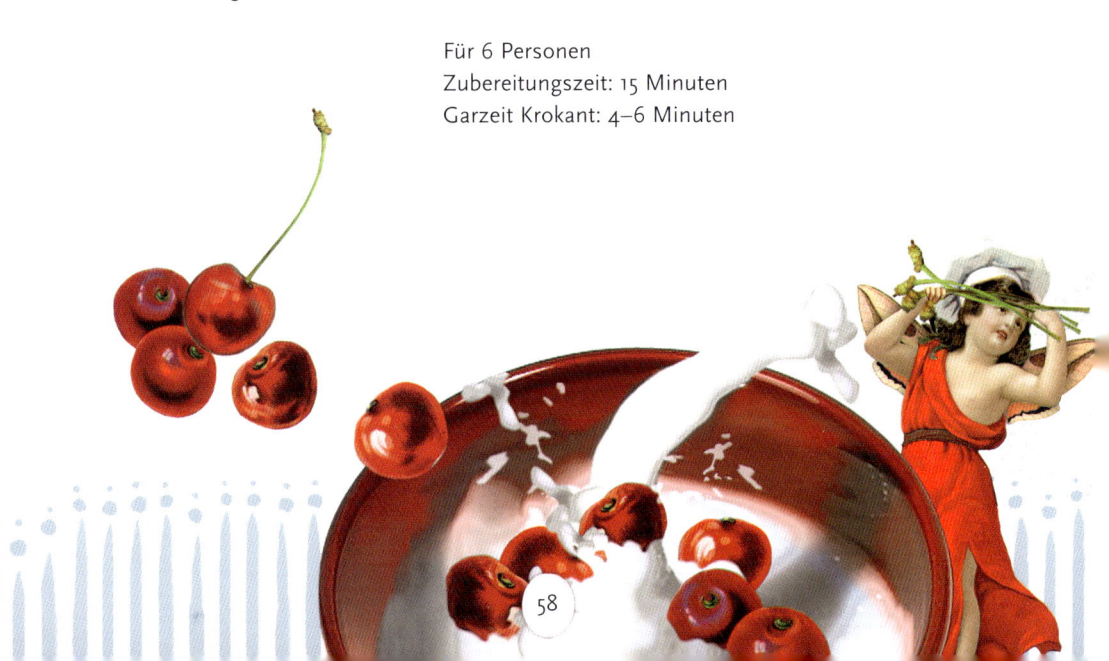

Für 6 Personen
Zubereitungszeit: 15 Minuten
Garzeit Krokant: 4–6 Minuten

Mascarponecreme

3 Eigelb
100 g Zucker
200 g Mascarpone
10 cl Amaretto
2 Eiweiß

Die Eigelbe mit dem Zucker schaumig schlagen.
Den Mascarpone und den Likör zufügen. Die Eiweiße zu steifem Schnee schlagen und unterheben. Gekühlt servieren.

Für 4 Personen
Zubereitungszeit: 10 Minuten

Bananencreme

3 reife Bananen
350 g Mascarpone
350 g Magerquark
Zimt
8 Amarettini
Amaretto zum
Beträufeln

Die Bananen schälen und mit einer Gabel zerdrücken. Den Mascarpone mit dem Quark verrühren, die zerdrückten Bananen zugeben und mit Zimt würzen. Einen Teil der Creme in 4 Gläser füllen. Die Amarettini zerbröseln, die Hälfte der Brösel auf die Creme streuen und mit Amaretto beträufeln. Die restliche Creme darauf verteilen und zuoberst noch eine Schicht Amarettinibrösel verteilen. Das Dessert mindestens 2 Stunden abgedeckt kühl stellen und möglichst kalt servieren.

Für 4 Personen
Zubereitungszeit:
ca. 15 Minuten

Heiße Früchtchen

etwas Ahornsirup
Früchte nach Saison und Wahl (z. B. 1 Banane, 1 Stück frische Ananas, Feigen, Pflaumen)
1 Msp. Zimt

Den Ahornsirup in einer Pfanne erhitzen. Die Früchte putzen oder schälen und nach Belieben in Streifen, Scheiben oder Stücke schneiden. Kurz in dem Sirup wenden und mit etwas Zimt bestäuben. Heiß servieren. Schmeckt pur oder mit 1 Kugel Vanilleeis.

Für 1 Portion
Zubereitungszeit: ca. 5 Minuten
Garzeit: ca. 5 Minuten

Himbeer- oder Erdbeertraum

250 g Himbeeren oder Erdbeeren, am besten frisch, sonst tiefgefroren
400 ml Sahne
1 Päckchen Vanillezucker
1 Päckchen Sahnesteif
100 g Baiser

Frische Früchte waschen, putzen und ggf. klein schneiden. Tiefgefrorene Früchte auftauen. Sahne mit Vanillezucker und Sahnesteif steif schlagen. Den Baiser grob zerkleinern. In eine Glasschale zuerst die Himbeeren oder Erdbeeren geben. Darauf die Sahne und als Letztes die Baiserbrösel verteilen. Das Dessert für 2–3 Stunden abgedeckt kalt stellen. Servieren und wirkungsvoll vor den Augen der Gäste vorsichtig verrühren.

Für 6 Personen
Zubereitungszeit: ca. 10 Minuten

Brombeercreme

500 g Brombeeren
150 g Joghurt
125 g Quark
4 EL Honig
Saft von 1 Zitrone
200 ml Sahne
4 EL gehackte Mandeln

Die Brombeeren putzen, waschen und ein paar für die Dekoration beiseitelegen, den Rest pürieren. Joghurt und Quark mit Honig und Zitronensaft verrühren und das Brombeerpüree unterrühren. Die Sahne schlagen und vorsichtig unterheben. Die Creme zugedeckt kühl stellen und vor dem Servieren mit den zurückbehaltenen Brombeeren und den gehackten Mandeln garnieren.

Für 4 Personen
Zubereitungszeit: ca. 10 Minuten

14 13 12 11 10   5 4 3 2 1
ISBN 978-3-88117-808-2
Layout: Barbara Behr, Christiane Leesker
Redaktion: Christiane Leesker
© 2009 Verlag W. Hölker GmbH, Münster
www.hoelker-verlag.de
Alle Rechte vorbehalten, auch auszugsweise

Printed in China

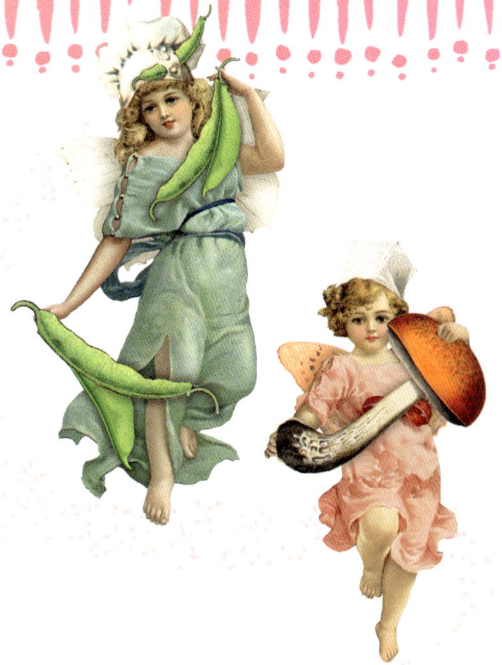

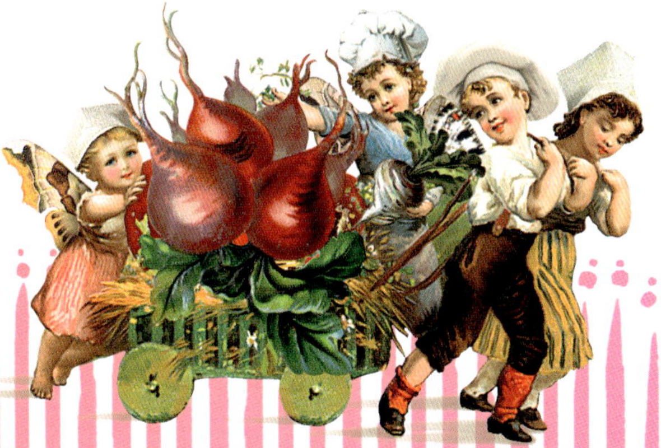

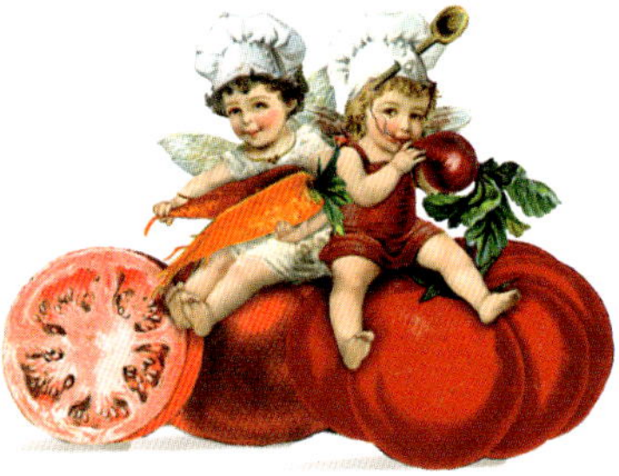

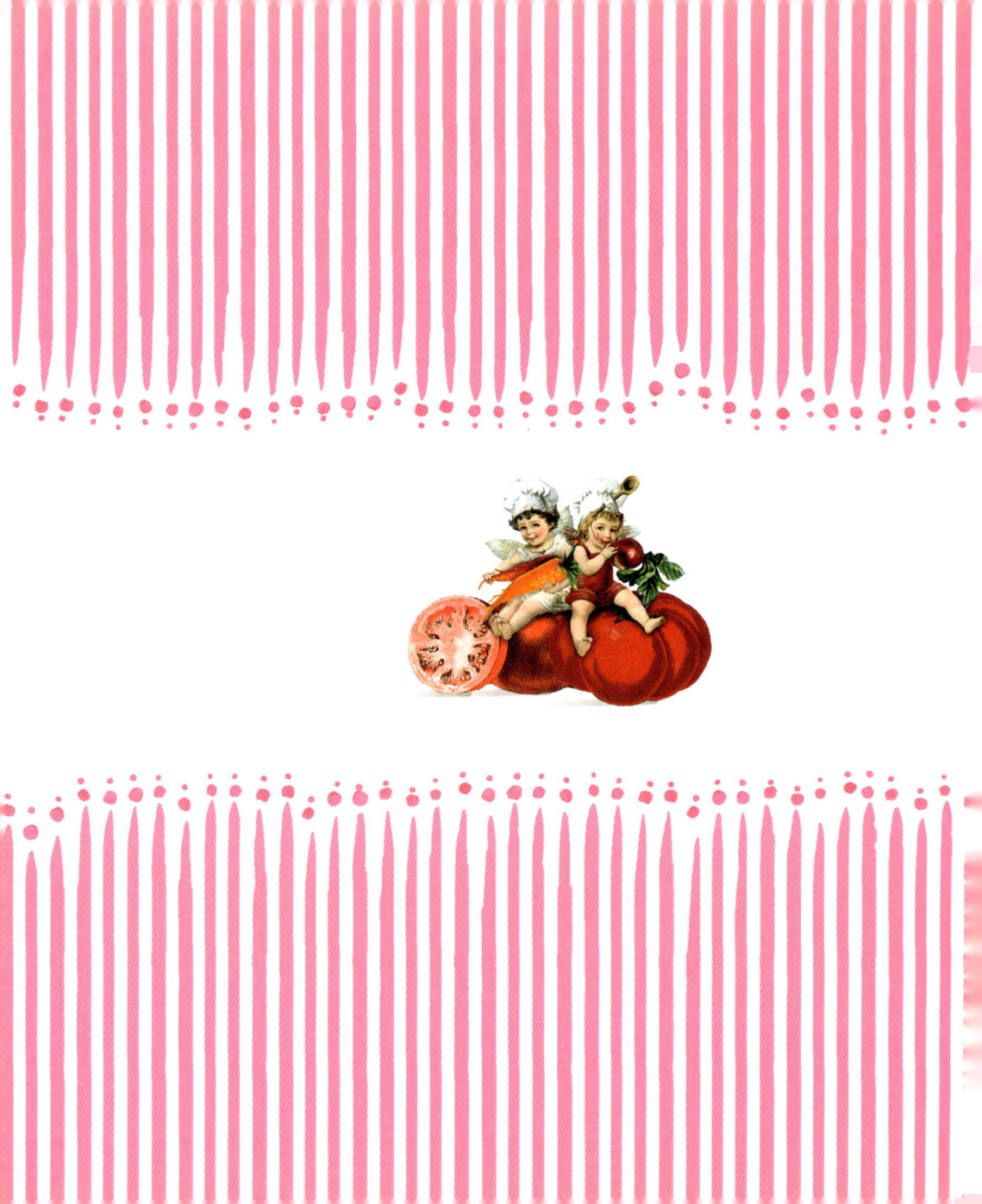